Inhalt

Deutsche Steinkohle - Zwischen Auslaufbergbau und Zukunft braucht Kohle

Kernthesen

Beitrag

Fallbeispiele

Zahlen und Fakten

Weiterführende Literatur

Impressum

GENIOS BranchenWissen Nr. 11/2005 vom 25.11.2005

Deutsche Steinkohle - Zwischen Auslaufbergbau und Zukunft braucht Kohle

Autor GENIOS BranchenWissen: A.Schneider

Kernthesen

- Die Große Koalition bestätigt die rechtlich verbindlichen Subventionen bis 2008, über das weitere Vorgehen bis 2012 wird Anfang nächsten Jahres detailliert verhandelt.
- Aufgrund der geologischen Bedingungen ist die in Deutschland gewonnene Steinkohle doppelt bis dreifach so teuer wie vergleichbare Kohle aus Polen, Australien oder Südafrika.
- Deutschlands Steinkohlebedarf wird zu 62% durch Importkohle aus dem Ausland

gedeckt, beim Export von Bergbautechnik genießt Deutschland großes Ansehen.
- Angesichts des hohen Ölpreises ist die Kohleverflüssigung wieder aktuell, vor allem China will umfangreich in ein Coal-to-Liquids-Programm investieren.

Beitrag

Subventionsabbau und Steinkohle werden nahezu immer in einem Atemzug genannt. Kein Wunder, geht es doch um Steuermittel in Höhe von 16 Milliarden EUR, auf die die Steinkohlelobby noch für die Jahre 2006 bis 2012 gezählt hatte und die von der neuen Großen Koalition nun vorsichtig genug - angetastet werden.

Koalitionsvereinbarung lässt Zukunft der deutschen Steinkohle nach 2008 offen

Die Zukunft der neun deutschen Steinkohlezechen und ihrer 40 000 Mitarbeiter - in Ruhe soll sie verhandelt werden, in einer neuen Kohlerunde Anfang 2006.

Zu viel Aufruhr will die Große Koalition im Augenblick wohl nicht verursachen und hält sich mit Subventionskürzungen bei der Steinkohle zurück. Sie sichert die bereits vereinbarten Subventionen bis Ende 2008 zu. Damit einigten sich die Koalitionspartner offenbar auf das derzeit rechtlich verbindliche Minimum, nämlich die im Dezember 2004 erlassenen Zuwendungsbescheide, die bis Ende 2008 gelten.

Alles weitere soll in Gesprächen mit den Kohleländern Nordrhein-Westfalen und Saarland, dem RAG-Konzern und der Bergbau-Gewerkschaft IGBCE neu verhandelt werden. Weitere Einsparungen gegenüber den bisherigen Vereinbarungen sollen dabei zumindest geprüft werden. Hoffnungen werden auch auf den Börsengang der RAG (www.rag.de) und erwarteten Erlösen in Höhe von 4 bis 5 Milliarden EUR gesetzt. Der Börsengang wurde von Vorstandschef Werner Müller inzwischen auf Jahresmitte 2007 verschoben. (1)

So wurde es auf dem diesjährigen Steinkohletag am 8. November in Essen verkündet. Und so mancher Kohleverfechter dürfte dann doch ein langes Gesicht bekommen haben.

Die Worte von Gerhard Schröder auf dem Steinkohletag vor zwei Jahren dürften den Genossen besser gefallen haben, hatte er doch noch Subventionen bis 2012 in Aussicht gestellt. Das wären

dann noch mal 16 Milliarden EUR gewesen, die aus den Steuergeldern in den deutschen Bergbau gepumpt worden wären. Die Subventionen sollten kontinuierlich gekürzt werden, von 2,7 Milliarden EUR in diesem Jahr auf 1,8 Milliarden EUR im Jahr 2012. Auch die Förderung sollte zurückgeführt werden von 26 Millionen Tonnen in diesem Jahr auf 16 Millionen Tonnen im Jahr 2012. Dazu würden weitere drei bis vier Zechen geschlossen werden. Der Arbeitsplatzabbau würde voranschreiten von jetzt rund 40 000 auf dann weniger als 20 000 Kumpel, ohne betriebsbedingte Kündigungen (Steinkohleanschlußregelung).
In den Jahren des deutschen Wirtschaftswunders holten noch über 500 000 Kumpel jährlich mehr als 100 Millionen Tonnen Steinkohle herauf. (2)

Angesichts der Großen Koalition steht die Zukunft der Steinkohleförderung in Deutschland nach 2008 auf etwas wackligeren Beinen als bisher. (3), (4), (5) Als halbherzig und mutlos hat das Institut für Weltwirtschaft (IfW) die geplante Steuer- und Subventionspolitik der neuen schwarz-roten Bundesregierung bezeichnet.

Pro und Contra Steinkohleabbau

in Deutschland

Zwar hat sich die Wettbewerbsfähigkeit unserer heimischen Steinkohle in den letzten zwei Jahren etwas verbessert. Auf den Weltmärkten sind Rohstoffe derzeit sehr gefragt und die Preise dementsprechend hoch. Aber: Die in Deutschland gewonnene Steinkohle ist doppelt bis dreifach so teuer wie vergleichbare Kohle aus Polen, Australien oder Südafrika. Dies liegt an den schwierigen geologischen Förderbedingungen an der Ruhr und Saar. Wir haben zwar nach wie vor große Kohlevorräte, sie liegen aber in großen Tiefen von mehr als 1 000 Metern unter der Erde. Dies macht die Förderung teuer. Um sie künftig weiter aufrechtzuerhalten, sind eben Subventionen notwendig.

Weltweit zweitwichtigster Energieträger

Steinkohle gilt als sicherer und langfristig verfügbarer Energieträger. Die heute bekannten Vorkommen dürften noch 200 bis 400 Jahre reichen. Nach Öl ist Kohle der weltweit zweitwichtigste Energieträger. 31% des globalen Energiebedarfs werden mit ihr gedeckt.

Für die Stromerzeugung ist die Kohle sogar noch wichtiger. Hier hat sie sogar einen Anteil von 38% und nimmt den Spitzenplatz unter den Energieträgern ein. (6) Weltweit wurden im letzten Jahr rund 4,6 Milliarden Tonnen Steinkohle gefördert. An der Spitze liegt China mit fast zwei Milliarden Tonnen Förderung pro Jahr. Die größten Kohleanbieter sind die Konzerne Peabody Energy (www.peabodyenergy.com), Anglo American (www.angloamerican.co.uk), BHP Billiton (www.bhpbilliton.com) und Rio Tinto (www.riotinto.com). Die größten Nachfrageregionen sind Ostasien und Nordamerika.

In Deutschland deckt die Steinkohle etwa 13% unseres Primärenergiebedarfs. Im ersten Dreivierteljahr 2005 wurden mit fast 47 Millionen t SKE rund 3,5% weniger Steinkohle verbraucht als im selben Vorjahreszeitraum (2004 gesamt: rd. 66 Mio. t SKE). In den Bereichen der Elektrizitäts- und Stahlwirtschaft ging der Verbrauch zurück. Mit der heutigen Förderkapazität können nur rund 10% der deutschen Stromerzeugung gesichert werden. (7) In Deutschland sind seit 1999 alle ehemaligen deutschen Steinkohlebergbaugesellschaften in der Deutschen Steinkohle AG (DSK) unter dem Dach der RAG Aktiengesellschaft zusammengefasst. Sie beschäftigt über 38 800 Mitarbeiter.

Deutschland importiert Steinkohle und exportiert Know-how

Unser Steinkohlebedarf wird zu 62% durch Importkohle aus dem Ausland gedeckt. Im vergangenen Jahr wurden 44 Millionen Tonnen Kohle eingeführt. Das meiste kommt aus Polen und Südafrika. (8) Beim Export von Bergbautechnik genießt Deutschland nach wie vor großes Ansehen in der EU und weltweit.
Dies bestätigt jüngst eine Serie von Großaufträgen, die der zur Essener RAG gehörende Maschinenbauer DBT aus China erhielt. Deutsche Bergbautechnik soll im Wert von fast 160 Millionen EUR an chinesische Kunden geliefert werden. Viele chinesische Bergwerke sind seit Jahren marode, tragische Unfälle auf der Tagesordnung. Jährlich sterben etwa 10 000 Bergleute in den circa 25 000 chinesischen Gruben. Deutsche Experten sollen nun helfen, die Gruben sicherer zu machen. Deutsche Fachleute aus Nordrhein-Westfalen reisen nach Peking, um auf den dortigen Fachkongressen über Sicherheit und Effizienz den Stand der Technik zu demonstrieren. Sie hoffen natürlich, milliardenschwere Aufträge mit nach Hause zu bringen. (9)
Weltweiter Marktführer in Sachen Bergbautechnik ist das amerikanische Unternehmen Joy Global Inc. (www.joyglobal.com). Die DBT (www.dbt.de) nimmt

momentan Rang zwei ein (Umsatz 2004: 620 Millionen EUR, Marktanteil 25%) und hat sich zum Ziel gesetzt, es innerhalb der nächsten fünf Jahre an die weltweite Spitze zu schaffen. (10)

Kohleverflüssigung wieder aktuell

Auch in den Technologien der Kohleverflüssigung und vergasung steckt deutsches Know-how. So wurde beispielsweise das heute in Südafrika eingesetzte Verfahren zur Gewinnung von Treibstoff aus Kohle (Fischer-Tropsch-Verfahren) von deutschen Experten entwickelt. Den Chemie-Nobelpreis gab es für die Kohleverflüssigung schon 1931 für die Forscher Bosch und Bergius. (11) Angesichts der Ölpreisentwicklung gewinnt die Kohleverflüssigung (coal-to-liquid CTL) an Aktualität. Dabei wird feste Kohle zu flüssigem Kraftstoff umgewandelt. Am Ende eines chemischen Prozesses können als Endprodukt Benzin, Diesel, Heizöl oder Aromate für die chemische Industrie gewonnen werden.
Rein technologisch ist alles längst bereit. In Deutschland, nämlich in Bottrop, stand bis letztes Jahr noch eine kleine Anlage. Sie wurde von der Deutschen Montan Technologie (DMT) seit den 70er Jahren mit einer Produktionsleistung von rund 200

Tonnen pro Tag betrieben, ist inzwischen allerdings abgebaut und nach China verkauft worden. (12) Wirtschaftlich gesehen hatte die Kohleverflüssigung in den vergangenen Jahrzehnten kaum Bedeutung, da sie relativ gesehen zu teuer und somit unrentabel war. In kommerziellem Umfang produziert man heute nur in Südafrika und in den USA. Mit steigendem Ölpreis, immer teurer werdender Importe und anhaltender Ölverknappung könnte sich das ändern. Das Fachblatt VDI-Nachrichten sieht die Schwelle zur Wirtschaftlichkeit bei einem Ölpreis über 60 Dollar je Barrel überschritten. Da der Ölpreis inzwischen in der Tat in diese Höhen vorgedrungen ist, wird die Kohleverflüssigung in letzter Zeit wieder verstärkt diskutiert. (13)
Prompt ist inzwischen China als Neueinsteiger und künftiger Trendsetter in dieser Technik auf den Plan getreten. Das Reich der Mitte hat sich in den letzten Jahren vom Ölexporteur zum Ölimporteur gewandelt. Um sich vom teuren Öl unabhängiger zu machen und die Energieversorgung des Landes sicherzustellen, werden umfangreiche Investitionen in ein Coal-to-Liquids-Programm getätigt und große Produktionsanlagen geplant.

Steinkohle soll sauberer werden

Ein weiterer Trend zeichnet sich in Sachen Steinkohle ab, wie auf der 25. Coaltrans-Konferenz Ende Oktober in Paris zu erfahren war. Die Steinkohle soll ein sauberer Energieträger werden. Dazu sollen künftig weitgehend emissionsfreie Kohlekraftwerke errichtet werden. Hier wollen ausgerechnet die USA den Trend setzen. Sie stellten die FutureGen Industrial Alliance vor, eine privatwirtschaftlich-öffentliche Partnerschaft, die 2012 in Texas ein extrem sauberes Pilotkraftwerk mit 275 MW Leistung in Betrieb nehmen will. Als Partner arbeiten zusammen an diesem 752 Millionen Dollar teuren Projekt American Electric Power, BHP Biliton, Kennecott Energy und Peabody Energy.

Auslaufbergbau oder Zukunft braucht Kohle?

Einerseits sieht also aktuell alles danach aus, dass die deutschen Steinkohlekumpel auch weiterhin eine immer seltener werdende Spezies werden. Im einstigen Kohlenpott herrschen einerseits Arbeitslosigkeit und andererseits Stahl. An Rhein und Ruhr hat sich Deutschland inzwischen zu Europas größtem Rohstahlproduzenten entwickelt. (2)
Dass die hohen Steinkohlesubventionen weiter zurückgefahren werden, ist im Interesse vieler.

Andererseits gibt es auch viele Anhänger der deutschen Kohle, die für eine Aufrechterhaltung der Kohleförderung plädieren. Hierzu passen auch die Neuigkeiten, die vom Essener Energie und Chemiekonzern RAG (früher Ruhrkohle AG) kommen. Er will ein neues modernes Kokskohlebergwerk im Ruhrgebiet bauen. Dieses Projekt würde rund 800 Millionen EUR kosten, rund drei Millionen Tonnen Kokskohle pro Jahr fördern und circa 2 500 Arbeitsplätze schaffen. Ob dieses Projekt Aussicht auf Realisierung hat, werden wir erst in drei bis fünf Jahren wissen, denn so lange dauert das Genehmigungsverfahren. (14)
Und so wird die deutsche Steinkohle wohl auch in den nächsten Jahren zwischen Auslaufbergbau und Zukunft braucht Kohle schwanken.

Fallbeispiele

Kohleverflüssigung in

Deutschland

In der Rüstungsindustrie des Dritten Reichs spielte die Kohleverflüssigung eine bedeutende Rolle. In ungefähr zwölf Kohlehydrierwerken wurden 1943/44 bis zu 4 Millionen Tonnen flüssiger Treibstoff hergestellt. Neun Fischer-Tropsch-Anlagen synthetisierten pro Jahr 600 000 Tonnen Kohle zu Benzin und Diesel. Ein Teil der Werke gehörten zum Geilenberg-Programm, wurden also unterirdisch als Geheimobjekte betrieben.Nach der ersten Ölkrise von 1974 wurde die Kohleverflüssigung erneut aktuell. Von 1977 bis 1980 gingen 7 Pilotanlagen in Betrieb. Man plante damals die Kohlevergasung und verflüssigung im großen Stile: 14 Projekte mit einem Investitionsvolumen von rund 13 Milliarden DM sollten realisiert werden. Doch als der Ölpreis Mitte der 80er Jahre wieder einbrach, stürzten auch diese Pläne zusammen. (12), (13)

Südafrika

Das südafrikanische Bergbauunternehmen SASOL (www.sasol.com) betreibt seit Beginn des Apartheid-Regimes die industrielle Kohleverflüssigung nach dem in Deutschland entwickelten Fischer-Tropsch-Verfahren. Dort werden Ölprodukte im Umfang von rund 175 000 Barrel pro Tag zu einem Preis von ungefähr 25 US-$/Barrel hergestellt. Die Produktion ist rentabel. Je höher der Ölpreis steigt, desto besser für SASOLs Marge: ein Anstieg des Rohölpreises um 50% resultiert bei SASOL in einem Gewinnanstieg um 65%. (12)

China

Letztes Jahr holte sich China deutsches Know-how ins Land. Die kleine Kohleöl-Anlage der DMT wurde im Auftrag von Shenhua, dem größten chinesischen Steinkohle-Unternehmen, demontiert und nach Shanghai verschifft. Doch bei einer kleinen Anlage wird es wohl nicht planen. Die DMT und die RAG haben für China bereits eine Feasibility-Studie für großtechnische Kohleverflüssigungsanlagen angefertigt. Mit einem 24 Milliarden US-Dollar umfassenden Investitionsprogramm (Coal-to-Liquids-Programm) will sich China ein weiteres Stück Ölimportunabhängigkeit verschaffen. Damit könnte China einen Gegenwert von einer Million Barrel (je 159 Liter) Rohöl am Tag erreichen und rund ein Siebtel seines derzeitigen Bedarfs decken.Der VCI berichtet, dass Shenhua mit Hilfe deutscher Experten von DMT im mongolischen Majata den Bau einer Industrieanlage zur direkten Kohlehydrierung (Bergius-Verfahren) plant. Sie soll ab 2007 jährlich aus rund 9,7 Millionen Tonnen Kohle rund 5 Millionen

Tonnen Benzin, Kerosin, Diesel u.a. herstellen. Die Anlage wäre aufgrund der günstigen Rahmenbedingungen bei einem Rohölpreis von rund 20 US-$/Barrel wirtschaftlich. Die Deutschen partizipieren bereits: Der Auftrag für die Hochleistungspumpen dieser Anlage wurde im Sommer an die schwäbische URACA vergeben. (15), (12)

Zahlen & Fakten

Deutschland:

- Steinkohle deckt 13% des Primärenergiebedarfs

- Steinkohleverbrauch 2004: 66 Millionen t SKE, Jan-Sept 2005: 47 Millionen t SKE

- 62% Importkohle

- Subventionen im Jahr 2005: 2,7 Milliarden EUR, im Jahr 2012: 1,8 Milliarden EUR

- Fördermenge im Jahr 2005: 26 Millionen Tonnen, im Jahr 2012: 16 Millionen Tonnen

- Arbeitsplätze im Jahr 2005: 40 000, im Jahr 2012: 20 000

- Zechenzahl im Jahr 2005: 9, im Jahr 2012: ca. 5

Weiterführende Literatur

(1) RAG will später an die Börse
aus Süddeutsche Zeitung, 10.10.2005, Ausgabe Deutschland, S. 17

(2) Alte Industrien mit neuem Gesicht Das Revier reformiert sich samt Stahl und Energie
aus Financial Times Deutschland vom 26.09.2005, Seite BE1

(3) Zwischen "Auslaufbergbau" und "Zukunft braucht Kohle"
aus Frankfurter Allgemeine Zeitung, 08.11.2005, Nr. 260, S. 13

(4) Kohle-Zukunft nur bis Ende 2008 gesichert
aus www.powernews.org Meldung vom 08.11.2005 - 15:55

(5) Minister schürt Angst vor Energiekrise Clement hält Ausstieg aus deutscher Kohleförderung für abwegig · Gewerkschaft fürchtet Kürzung von Subventionen
aus Financial Times Deutschland vom 09.11.2005, Seite 9

(6) Renaissance der Steinkohle
aus Süddeutsche Zeitung, 05.10.2005, Ausgabe Deutschland, S. 20

(7) Arbeitsgemeinschaft Energiebilanzen, Rückgang des Primärenergieverbrauches in Deutschland in den ersten drei Quartalen 2005, Mitteilungen zum Energieverbrauch, 2005, www.ag-energiebilanzen.de, Daten/Presse
aus Süddeutsche Zeitung, 05.10.2005, Ausgabe Deutschland, S. 20

(8) Renaissance eines Symbols
aus Süddeutsche Zeitung, 02.11.2005, Ausgabe Deutschland, S. 34

(9) NRW liefert China Fachwissen und Maschinen
aus Kölner Stadtanzeiger, 26.10.2005

(10) Bergbautechnik für China
aus Süddeutsche Zeitung, 11.11.2005, Ausgabe Deutschland, S. 23

(11) O.V., Kohleverflüssigung, www.wikipedia.org
aus Süddeutsche Zeitung, 11.11.2005, Ausgabe Deutschland, S. 23

(12) Gesamtverband des deutschen Steinkohlebergbaus (GVSt), Aktuelles + Termine, Die deutsche Steinkohle. Fakten Analysen Argumente. Kohleverflüssigung wieder aktuell
aus Süddeutsche Zeitung, 11.11.2005, Ausgabe

Deutschland, S. 23

(13) Niehörster, Klaus, Hoher Ölpreis belebt Kohlehydrierung, VDI Nachrichten, 20.05.2005, www.vdi-nachrichten.com
aus Süddeutsche Zeitung, 11.11.2005, Ausgabe Deutschland, S. 23

(14) DEBATTE Chance für deutsche Kohle
aus Frankfurter Neue Presse, Gemeinsame Ausgabe vom 25.10.2005, S. 4

(15) China will Öl aus Kohle gewinnen
aus www.powernews.org Meldung vom 30.09.2005 - 16:08

Impressum

Deutsche Steinkohle - Zwischen Auslaufbergbau und Zukunft braucht Kohle

Bibliografische Information der deutschen Nationalbibliothek

Die Deutsche Nationalbibliothek verzeichnet diese Publikation in der deutschen Nationalbibliografie; detaillierte bibliografische Daten sind im Internet über http://dnb.d-nb.de abrufbar.

ISBN: 978-3-7379-2322-4

© 2015 GBI-Genios Deutsche Wirtschaftsdatenbank GmbH, Freischützstraße 96, 81927 München, www.genios.de

Alle Rechte vorbehalten. Dieses Werk ist einschließlich aller seiner Teile – z.B. Texte, Tabellen und Grafiken - urheberrechtlich geschützt. Jede Verwertung außerhalb der Grenzen des Urheberrechtsgesetzes bedarf der vorherigen Zustimmung des Verlags. Dies gilt insbesondere auch für auszugsweise Nachdrucke, fotomechanische

Vervielfältigungen (Fotokopie/Mikroskopie), Übersetzungen, Auswertungen durch Datenbanken oder ähnliche Einrichtungen und die Einspeicherung und Verarbeitung in elektronischen Systemen.